Für Sophia und Sarah

Über die Autorin:

Marie Dickmann,
geboren im November 1997 hat bereits
während ihrer Schulzeit angefangen
Gedichte und Kurzgeschichten zu
schreiben.

Ihre Gedichte waren ein Ventil für
sie, mit dem sie tiefgründig ihre
Gedanken ordnen und ausdrücken konnte.

Kurz vor Fertigstellung ihres zweiten
Gedichtbandes ist sie an den Folgen
einer Lungenembolie im August 2017
verstorben

aber eigentlich…

Marie Dickmann

Bibliografische Information der Deutschen Nationalbibliothek:

Die Deutsche Nationalbibliothek verzeichnet diese Publikation in der Deutschen Nationalbibliografie, detaillierte bibliografische Daten sind im Internet über http://dnb.dnb.de abrufbar.

Herstellung und Verlag:

BoD – Books on Demand, Norderstedt

ISBN: 978-374-815-7946

Inhalt

Maries Vermächtnis

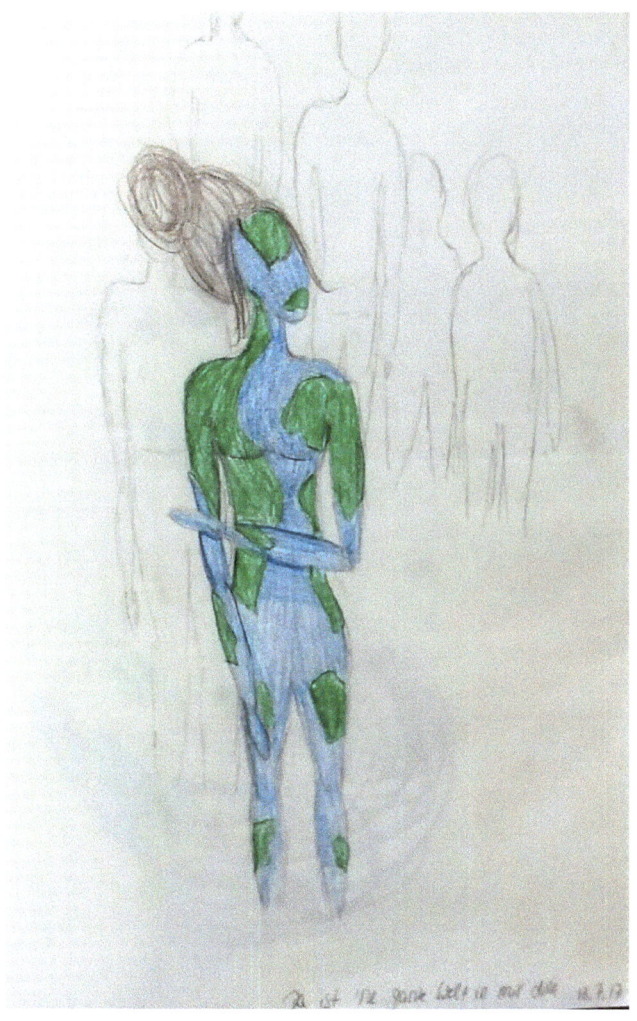

Vorwort

Aber eigentlich….
Wie passend von Dir, diesen Titel zu
wählen.
Eigentlich sollte hier das Vorwort von Dir
stehen – Deinem zweitem Buch.
Eigentlich
Eigentlich wollten wir uns mit Dir freuen,
dass Du Deine Gedanken so treffend zu
Papier gebracht hat
Eigentlich
Nun bist Du nicht mehr da, gestorben ohne
jede Vorwarnung.
Eigentlich
Doch ist das wirklich so? Bist Du nicht
mehr da? Du hast uns so viel hinterlassen,
angefangen bei Bildern und begonnenen
Geschichten, Gedichten und natürlich
Erinnerungen.
Du bist ist noch da – irgendwie nicht
richtig und doch …
…für immer

Marc & Britta im Juni 2018

Wofür lebst Du?

Du lebst.
Du atmest.

Aber bedeutet atmen wirklich leben?

Du hangelst dich
von Tag zu Tag,
von Wochenende zu Wochenende.

Du lebst.
Nein, du überlebst.

Du verstrickst dich
in Routine,
dem immer gleichen Alltag
und wartest.

Du wartest.
Du wartest auf
den Grund zu leben.

Wofür lebst du?

Für deine Zukunft.
Aber wenn du immer nur
für die Zukunft lebst,
verpasst du die Gegenwart,
verpasst du das Leben.

Perspektive

Du siehst sie,
du siehst sie nicht.

Meine Ecken und Kanten,
Makel und Fehler.

Je nachdem,
aus welcher Perspektive du blickst.

Von oben betrachtet
ganz anderes
als von unten gesehen
und doch
als Ganzes immer gleich.

Nächte

Nächte sind ehrlich.
Wenn der Mondschein sich im Wasser
spiegelt.
Und vielleicht auch deshalb so gefährlich,
weil sich jedes Teil ineinanderfügt.

Aber eigentlich

Salzbäche laufen
über dein Gesicht.

Deine Augen sind
verquollen und rot.

Du zitterst,
japst,
kämpfst.
Ringst um Fassung.

Aber eigentlich,
geht es dir doch gut.

Es tut mir leid

Ich kenne Menschen,
die sich so oft entschuldigen,
als bräuchten sie es,
wie die Luft zum Atmen.

Alles beginnt oder endet
mit einem „Sorry" oder
„Es tut mir leid".

Einfach, weil sie das Gefühl haben,
mehr Platz einzunehmen,
als sie verdienen.

Und ich gehöre dazu.

Lass uns doch versuchen,
Entschuldigungsfloskeln genauso wie
„Ähm" und „Ich weiß nicht"
zu streichen.

Und den Raum, den wir einnehmen,
zu akzeptieren und zu lernen,
dass wir es auch verdienen.

Wer bist du?

Wer bist du?

Du beschreibst dich.
Deinen Körper,
deine Haare,
die Farbe deiner Augen.

Du zählst sie auf,
nur Äußerlichkeiten.

Aber du vergisst dabei das wichtigste:
Dich.

Denn du bist mehr als deine Hülle,
mehr als deine Knochen
und die Haut, die dich umgibt.

Du bist mehr als die Dinge,
die du als Makel ansiehst.

Du bist lachen, weinen,
toben, schreien.

Du bist die Vergangenheit,
die Gegenwart und die Zukunft.

Du bist endlose Nächte,
Konzerte und Rotwein im Tetrapack.

Du bist laut-deine-Lieblingssongs-
in-die-Nachtbrüller

Und leise ein „Ich kann nicht mehr."

All das bist du
und noch so viel mehr.

Du bist, was hinter
der Fassade steckt.

Also lass es zu.

Momentaufnahme

Ich schaute dich lange an.
Die Wut funkte noch zwischen uns in der Luft
und machte sie leicht entflammbar.

Ich sah wie du zitterst,
dein Atem sich verschnellerte
und Tränen in deine Augen schossen.

Und ich begann zu verstehen,
wie es dir wirklich ging.

Mein größter Gegner bin ich

Dein Kummer ist ein 20 Kilo Rucksack,
den du niemals ablegst.
Und jeden, der dir tragen helfen will,
stößt du von dir weg.

Mit all deinem Mut,
all deiner Kraft,
stürzt du dich in den Kampf
gegen deinen eigenen Schatten,
selbst wenn das Licht aus ist.

All deine Wahrheiten
liegen vor dir
in einem Trümmerhaufen.

Worte

Manchmal sind Worte
schmerzhafter
als jedes Messer,
dass dir im Rücken steckt.

Buchstabenketten,
leichtfertig verwendet
und doch
mit riesiger Macht.

Was ich (nicht) weiß

Ich weiß,
dass die Erde sich um die Sonne dreht.

Ich weiß,
dass Wasser nicht aufwärts fließt.

Ich weiß,
dass …

Aber was ich nicht weiß ist,
wieso du und ich
zum gleichen Zeitpunkt existieren,
warum wir uns gefunden
und dann wieder verloren haben.

Was ich nicht weiß ist,
wie wir ein ganzes Leben
in Sekundenbruchteilen
durchleben konnten.

Tag - Nacht

Denn du warst
die Sonne,
ein warmer Frühlingsmorgen.

Aber ich war schon immer
fasziniert von der Nacht.

Hölle

Und wenn du durch die Hölle gehst,
verdammt, dann musst du weiterlaufen.

Guide

In Nächten wie diesen,
brauche ich jemanden,
der mir hilft,
mich nicht in meinen Gedanken zu
verlieren.

Der mir mit Licht
zur Seite steht,
damit ich mich nicht
in diesem Irrgarten verliere.

Worte II

Kleine und große Worte
sammeln sich
im Raum zwischen uns
bis keine Luft
zum Atmen bleibt.

Liebeslieder

Und plötzlich sind all die Liebeslieder
wie für dich und mich geschrieben.
Und obwohl ich mir geschworen habe,
niemals eines dieser Wolke 7 Mädchen zu
werden, hast du mich genau dazu gemacht.

Seelenfenster

Es stimmt schon,
dass die Augen
die Fenster zur Seele sind.

Denn egal wie gut
die Fassade sitzt,
Blicke sprechen Bände.
Man muss sie nur zu deuten wissen.

Lachen

Ich will lachen.
Nicht nur
die Mundwinkel nach oben ziehen,
weil es gerade angemessen ist.

Nein, ich will lachen.
Mit Tränen in den Augen,
nach Luft schnappen,
den Bauch vor Schmerzen krümmen.

Einfach ehrlich lachen.

Kämpfen

Niemand sonst kämpft mit deinen Dämonen.
Nur du allein kannst sie besiegen,
niemand anderes wird es für dich tun.

Sie können dir Waffen geben,
Licht in die Dunkelheit bringen,
deine Wunden versorgen.

Aber kämpfen
musst du alleine.

Kontrolle

Kontrolle ist Macht.
Denke ich.
Also kontrollier ich mich.

Aber kontrollier ich
die Kontrolle
oder kontrolliert sie mich?

Ich weiß es nicht.

Also komm,
nimm mich bei der Hand
und zeig mir,
wie gut es sich anfühlt,
die Kontrolle zu verlieren.

Den Wind in den Haaren zu spüren.
Sich einfach lebendig zu fühlen.
Die kalte Nachtluft atmen
und Sternenbilder raten.

Wieder leben, um zu leben
und nicht zu überleben.

Überleben

Da sind all diese Momente
von denen du glaubst,
dass du sie nicht überlebst.

Und dann überlebst du.
Mit aufgeschlagenen Knien,
Wunden und Narben,
Dreck in den Haaren.

Engel

Ich möchte an ein Leben danach glauben.
An Engel, die auf den Wolken sitzen
und uns beschützen.

Auch wenn mein Engel
wahrscheinlich betrunken ist,
denn seinen Job macht er
nicht besonders gut.

Aber ich möchte fest daran glauben.

Für all die Neugeborenen,
unschuldigen Kinder.
Die mit ihrem Geschrei
ganze Herzen erweichen.

Für all die kleinen Erdenbewohner,
die über die einfachsten Witze lachen
und in ihrer eigenen,
behüteten Welt leben.

Mit tanzenden Träumen
und unbegrenzten Fantasien.

Mich selber lieben lernen

Ich stehe vor dem Spiegel.
Ich schaue mich an,
schaue weg und doch wieder hin.

In meinem Kopf die Liste
mit Dingen, die ich nicht an mir mag.

Durch die Straßen
laufe ich leicht gebückt,
in der Hoffnung,
dass mich das vor fremden Blicken schützt.

Blicke, die sich in mein Herz bohren,
hinter meine Fassade schauen
und all meine Fehler entdecken.
Abchecken. Bewerten.

Das Lächeln geübt,
die Augen getrübt,
„Es geht mir gut.“
Selbstbetrug.

Ich will raus aus meiner Haut,
will einen Spiegel zerschlagen,
muss mich verändern,
kann mich nicht ertragen.

Darf nicht essen.
Darf nicht essen.
Essen. Essen. Brechen.

Ich muss perfekt sein,
funktionieren,
ins Gesellschaftsbild passen.

Ich habe keine Zeit für Glück
- ich werd' verrückt.

Ich brauche einen Pausenknopf,
der all das kurz stoppt,
den Gedanken Einhalt gebietet,
dieser Stimme das Sprechen verbietet.

Damit kurz Platz ist,
für diesen kleinen Teil in mir.
Den, der mich so akzeptiert.

Der mit einer Lampe
und einer Spitzhacke kommt,
um die Dunkelheit in mir
und das Geröll auf meiner Brust
beiseite schiebt.

Damit ich wieder atmen kann.

Ich will einfach wieder
die Sonne spüren,
mich im Hier und Jetzt verlieren.

Ich stehe vor dem Spiegel.
Ich schaue mich an,
schaue weg und doch wieder hin.

Und ich versuche mich zu sehen,
versuche zu verstehen,
dass ich genug bin.

Dass ich gut bin, einzigartig.

Diese Konstellation
aus Zellen und Genen ist einmalig.

Ich versuche zu lächeln.

Zeit mit mir und nur mit mir zu
verbringen.

Ich nehme meine Hand.
Mache mir Mut
und ich verspreche mir,
mich gut um mich zu kümmern,
weil es sonst keiner tut.

Und mich ständig daran zu erinnern,
so wie ich bin, bin ich gut.

Ich trete vor den Altar,
sage zu mir Ja.
Nehme mich an.

Ich will mich lieben,
achten
und ehren
alle Tage meines Lebens,
in guten und in schlechten Zeiten,
in Gesundheit und in Krankheit.

Den heutigen Tag
streiche ich rot im Kalender an.
Und in einem Jahr,
feiere ich dann Hochzeitstag.

Mit einem Stück Kuchen,
das ich tatsächlich essen darf.

Helden (für S und L)

David Bowie singt
ein Lied in mein Ohr.
„We can be heroes /
just for one day."

Dieser Satz
passt ziemlich gut zu uns.

Denn wir sind Helden,
Tag für Tag.
Auch wenn manch einer
das gar nicht so sehen mag.

Aber wie sollen sie
das auch verstehen?
Wenn sie gar nicht
das Schlachtfeld in uns sehen.

Die gewonnenen
und verlorenen Kriege,
die Monster,
die wir täglich besiegen.

Das Chaos im Inneren
ist alleine schwierig zu ertragen.
Aber mit euch,
da kann ich es tatsächlich wagen.

Denn wir sind die Masters of Desaster,
Genies
und Helden – jeden Tag.

Zusammen sind wir
circa Mitte Zwanzig,
auch wenn wir uns
meistens nicht so verhalten.
Mal eben
die ganze Welt anhalten.

Teilen helle
und dunkle Stunden,
aber zusammen
kann uns keiner mehr verwunden.

„We can beat them /
for ever and ever."

Und wenn wieder
alles zusammenfällt,
treffen wir uns einfach
in unserer Pippilangstrumpfwelt.

Mit Kaffee
Farbe seelenschwarz,
Zigarettenrauch
und dem Bällebad,
was unter keinen Umständen
fehlen darf.

Schmücken die Welt
mit bunten Luftballons
und holen den Sternenhimmel
runter zu uns.

Wir können alles sein
was wir wollen.
Aber vor allem
sind wir eines:

Helden

Wandel

Ich weiß nicht,
wer ich heute bin.

Und vielleicht
bin ich morgen schon
wer anders.

Spieglein, Spieglein

Spieglein, Spieglein,
kannst du nicht sehen?

Was du zeigst,
zerstört mein Leben.

Teufel

Der Teufel
kommt nicht immer mit Hörnern.

Manchmal hat er Augen,
in denen sich ganze Ozeane verbergen
und eine Stimme,
die ganze Stürme beschwichtigen kann.

Mit dem ersten Kuss,
verkaufst du deine Seele.

Und wenn er dich schließlich verlässt,
bleibst du zurück
in der Dunkelheit.

Wunderland (für J und V)

Der Abend legt sich
über die Stadt.
Alles kommt zur Ruhe,
wir werden wach.

Lass mal eben treffen,
da am Spielplatz,
so um acht.

Der Kreisel,
wo am Tage Kinder spielen,
ist unser Revier.

Ein sicherer Ort
voller Ruhe und Geborgenheit
zusammen mit euch.

Wir erfinden neue Sternenbilder,
projizieren Träume und Visionen
an den Himmel
und kindliche Unschuld
liegt in der Luft.

Dieser Ort ist magisch
und weiß wahrscheinlich
mehr von uns
als wir selbst.

Wir stoppen kurz die Zeit.
Halten die Welt an
und hören auf
erwachsen zu sein.

Wir sind Herz, Mut und Verstand,
schlagen dreimal unsere Hacken zusammen
und gelangen in unser
eigenes Wunderland.

Zusammen bekämpfen wir Gespenster.
Und an manchen Tagen,
da retten wir die ganze Welt.

Wir schmieden Pläne
und verwerfen sie dann wieder.

Feiern unsere Fehler
im Mondschein,
verlieren uns

in Ehrlichkeit und Größenwahn,
tanzen im Blätterkonfettiregen.

Und wenn die Zeit
dann aufhört
stillzustehen,
wir langsam
auseinandergehen,
wissen wir doch,
wir sehen uns wieder.

Und bis dahin
summe ich leise
unsere Lieblingslieder,
schaue alte Fotos an,
lächle und denke mir
„Bis dann".

Chaos

Ich verlor
mich
in meinem Chaos
und fing an
es zu verachten.

Ich wollte
die Perfektion
der Ordnung.

Doch du
liebtest mein Chaos.

Und vielleicht,
kann ich es
eines Tages
selber lieben.

Fremd

Mein Körper
war mein Zuhause.

Ich gewährte
dir Zutritt.

Und du
schlägst
Wände und
Fenster ein,
lässt mich sitzen,
allein.

Von da an
war mein Körper
nicht mehr
mein Zuhause.

Glück

Ewig warte ich
aufs Glück,
mache mich
verrückt.

Doch steht es
vor der Tür,
schicke ich
es weg.

Ich bin
die Abwesenheit
von Glück
so gewohnt,
dass ich damit
nicht umzugehen weiß.

Und sowieso,
was ist der Preis?

Kaffee warm / Kaffee kalt

Deinen Kaffee
trinkst du immer schwarz.
So, wie deine Lunge,
sagst du.

Die Müdigkeit
spiegelt sich
in deinen Augen
und den düsteren Blick,
trägst du wie 'ne Krone.

„Alles okay."
murmelst du
in den Zigarettenrauch
hinein.

Kaffee warm / Kaffee kalt.

Worte purzeln
in deine Tasse.
Sie fallen aus dir raus,
immer schneller
und hektischer,

als könnte dich
jemand bei deinem
Geständnis erwischen.

Denn eigentlich,
ist doch gar nicht
alles so okay
wie es scheint.

Kaffee warm / Kaffee kalt.

Früher,
da warst du
das Licht.
Du hattest Angst
vor der Dunkelheit.

Doch jetzt,
ist sie dein
bester Freund,
und im langsamen Walzer
zieht sich dich
immer weiter hinein.

Du verlierst dich.

Du verlierst dich in ihr.

Ich versuche,
dir die Schönheit
des Lichts,
die Wärme
und Geborgenheit
zu zeigen.
Doch du
scheinst immer weiter
in den unendlichen Tiefen
zu versinken.

Du atmest
noch einmal
tief den Zigarettenrauch,
drückst die Kippe
aus
und gehst.

Kaffee kalt.

Zeit

Wenn es auf das Ende zugeht,
hat die Zeit die Angewohnheit,
sich komisch zu verhalten.

„Normal"

Normal sind doch nur die,
die am besten vorgeben können,
normal zu sein.

Zuhause

Zuhause ist da,
wo das Herz ist.

Meine Familie
und Freunde.

Aber wäre es
nicht schön,
bei sich
zuhause zu sein?

Ich möchte
die Person
für mich sein.

Überall und
nirgendwo Zuhause,
solange ich
mich selber habe.

Frei und unabhängig,
einfach nur mir selber
treu.

Emotionen

Ein Leben zwischen
den Extremen
ist anstrengend
und verwirrend.

Weil du nie weißt,
was dich als nächstes
erwartet.

Emotionen,
millionenfach multipliziert.
Weit entfernt
und doch
so nah beieinander.

Von 0 auf 100
in fünf Sekunden
und direkt
wieder zurück.

Rasend vor Zorn.
Die Welt umarmen.

Isolation.
Im Mittelpunkt
des Geschehens.

Sekundenbruchteile,
die ein ganzes Leben dauern.

Schwarz / Weiß

Bin ich glücklich,
bin ich
der glücklichste Mensch
der Welt
und vergesse,
wie es ist,
traurig zu sein.

Hasse ich,
schicke ich
Personen
direkt in die Hölle.

Wenn ich Liebe,
bin ich nicht
nur auf Wolke 7,
sondern direkt
auf Wolke 10
und die Welt
sieht so schön aus
von hier oben.

Aber wenn ich falle,
falle ich umso tiefer
und ich zerbreche nicht,

ich zersplittere

in Milliarden
kleine Einzelteile.

Protagonist

Ich fühle mich
fremd in mir.
Als hätte ich
keine Kontrolle
über mein Leben.

Nur eine Nebenfigur.

Und wenn es darauf ankommt,
nie erste,
sondern zweite Wahl.

Aber wie konnte ich
nur übersehen.
In mir
ist ein ganzer Garten
mit den schönsten Blumen,
die ich je gesehen habe.

Voller Farben
und Geborgenheit.

Ein Ort,
an dem ich
meine Geschichte
umschreiben kann.

Und umso mehr
ich diesen Garten
entdecke,
desto klarer wird mir:

Es bin doch ich,
u*nd zwar nur ich,*
der Protagonist
in meiner eigenen
Geschichte.

STOP

Die Welt bewegt
sich zu schnell ….

Loslassen

Lass kurz los.
Atme den
Moment ein.

Wer bin ich?

Mein Name

auf einem

Plastikband -

21 Buchstaben insgesamt.

Universum

Das Universum
explodiert
in mir.

Nachwort

Das ist das Ende von „aber eigentlich".

Eigentlich

Marie hatte noch zwei Werke begonnen, die einiges vielleicht verständlicher machen – oder auch nicht.

Wir haben uns entschlossen „Angst" mit aufzunehmen- es erklärt vieles und sollte gelesen werden.

Eigentlich
Marc & Britta

Angst

Die Angst steht im Raum wie ein kleines
schwarzes Monster
das seine Finger nach uns allen
ausstreckt.
Die Angst, vor dem alten und dem neuen,
der Vergangenheit und der Zukunft.
Sie füllt diesen leeren Raum, so dass man
fast Platzangst bekommt
und in die verbleibenden Zwischenräume
sind abertausende Fragen gequetscht.

Fragen, wie: „Wo ist die Menschlichkeit
geblieben?"
In all diesen Kriegen, in der neuen Zeit,
der Welt 2.0 oder steht schon das Update
bereit?
Du bist eine Festplatte die von Viren
befallen ist,
deine Gedanken kreisen lässt.

Ein Softwarefehler der dich abstürzen
lässt.

Augenringe bis zu den Knien und noch viel
weiter,
blasse Gesichter, vielleicht sind wir
schon Tod
aber arbeiten weiter weil wir einfach
nicht aufhören können?
Die Zombie Apokalypse ist schon lange da,
aber keiner ist gefährdet weil wir keine
Gehirne mehr haben.

Aber wozu braucht man die auch noch,
es gibt ja das Internet, alle
Informationen stetig zum Abruf bereit.
Eine Frage stellen und innerhalb von
Sekunden
tausende von Antworten ausgespuckt
bekommen.

II

Es ist die Angst, dass irgendwann alles
durch Maschinen ersetzt wird.
Dabei wird übersehen, dass genau das
eingetreten ist.
Keine Maschinen aus Stahl sowie in den
ganzen Filmen,
wo Roboter die Weltherrschaft übernehmen,
es sind Maschinen aus Fleisch und Blut.
Wir.
Perfekte Maschinen, Zahnrädchen in einem
Getriebe,
welche zu der größten Maschine überhaupt
gehört.
Der Welt.

Leben um zu arbeiten, wie mutierte
Ameisen.
Alles läuft nach Plan, geh in die Schule
mach dein Abitur
und wenn möglich bitte mit 1,0.
Denn du musst die Elite sein dann bist du
vielleicht
nicht nur ein Rädchen sondern ein Rad

und dir stehen alle Möglichkeiten offen.
Geh studieren, aber sei der beste.

Leistungsdruck,

Druck,

Kaputt?

Ein bisschen Öl dran, dann läuft das
Rädchen schon wieder.
Emotionen haben keinen Platz in dieser
perfekten,
glatt geschmirgelten Welt.
Sei Rund, sei glatt, eck nicht an mit
deinen Ecken und Kanten,
diese, die dich anders machen.

Individualität ist hier fehl am Platz,
sei uniform, Schritt halten, mit den
anderen mithalten.
Sei schneller, besser, stärker, steigere
dich,
bleib nicht stehen niemals anhalten,
denn das könnte dein Ende sein.

Wenn du nicht passt, wirst du aussortiert.
Vielleicht, weil du dir eine eigene
Meinung bildest
und nicht die Meinung anderer als deine
verkaufst.
Oder weil du kein Sklave deines
Smartphones bist
und wie ein Zombie deinen Blick nicht von
diesem hellen,
leuchtendem Display abwenden kannst.

Was es auch sein mag, du passt nicht rein
in diese perfekt geölte Maschine, sorgst
dafür,
dass nicht alles glatt läuft, dass die
Produktion ins Stocken gerät,
die Erde sich nicht mehr einwandfrei
dreht.

III

Es ist die Angst vor der Zeit,
der kleine Bruder der Angst die uns im
Nacken sitzt
mit einer Knarre in der Hand.
Bereit, jede Sekunde abzudrücken.

Die Zeit ist ein Sadist, wenn man sie
nicht nutzt,
denn sie vergeht einfach so
und nimmt keine Rücksicht auf Verlust.

Stück für Stück stielt sie einem das
Leben,
bis es auf einmal so weit ist dass man
zurückblickt
und feststellt, wie viele Chancen man hat
verstreichen lassen,
als Sklave des Systems, der Gesellschaft.
Chancen vertan an Erwartungen, an die
falschen Leute.

Dann ist die Reue das neue Monster.
Die Reue, zu viele Dinge nicht getan und
andere Dinge zu viel getan zu haben.

Aber schlussendlich lebt man doch für
sich.
All diese Ängste sollten das Leben nicht
bestimmen
und nicht den Lebenssinn wegnehmen.
Keiner hat die Pflicht irgendwem,
irgendwas zu beweisen
oder jemanden zufrieden zu stellen,
außer sich selbst.

BIS ICH VERSCHWINDE   JULI '14